Alfred Kirchhoff

Die Südseeinseln und der deutsche Südseehandel

Alfred Kirchhoff

Die Südseeinseln und der deutsche Südseehandel

ISBN/EAN: 9783742890757

Hergestellt in Europa, USA, Kanada, Australien, Japan

Cover: Foto ©Suzi / pixelio.de

Manufactured and distributed by brebook publishing software (www.brebook.com)

Alfred Kirchhoff

Die Südseeinseln und der deutsche Südseehandel

Sammlung von Vorträgen.

Herausgegeben von
W. Frommel und Friedr. Pfaff.

III. 9.

Die Südseeinseln

und der

deutsche Südseehandel.

Von

Alfred Kirchhoff,
Professor an der Universität in Halle.

Heidelberg.
Carl Winter's Universitätsbuchhandlung.
1880.

Sammlung von Vorträgen für das deutsche Volk.

Herausgegeben von
Prof. W. Frommel und **Prof. Dr. Fr. Pfaff.**

Das Nähere über diese Sammlung ist aus dem Prospekt zu ersehen, der durch alle Buchhandlungen zu beziehen ist.

Die Vorträge erscheinen in Heften, deren zehn einen Band bilden. Man abonnirt auf einen Band zum Preis von nur **4 Mark** in jeder Buchhandlung. — **Einbanddecken** mit Goldtitel kosten für jeden Band 50 Pf. Der Preis eines elegant in Leinwand gebundenen Bandes ist 5 M.

Die Vorträge werden zu erhöhtem Preis auch einzeln verkauft. (An Vereine und solche Personen, die einzelne derselben z. B. an Orten, wo sie gehalten worden sind, verbreiten wollen, liefern wir bei Vorausbestellung 100 und mehr Exemplare zur Hälfte des Preises.)

Erschienen sind:

Band I. 1: *Kraft und Stoff.* Von Prof. Dr. Friedr. Pfaff in Erlangen. (60 Pf.) — 2: *Staat und Kirche nach Anschauung der Reformatoren.* Von Prof. Dr. Heinr. Geffcken in Strassburg. (60 Pf.) — 3: *Ueber den Einfluss des Darwinismus auf unser staatliches Leben.* Von Prof. Dr. Friedr. Pfaff in Erlangen. (60 Pf.) — 4: *Die Glaubwürdigkeit der Geschichte Jesu und das Alter der neutestamentlichen Schriften.* Von Consistorialrath Dr. M. Ebrard in Erlangen. (80 Pf.) — 5: *Ueber den Werth des Lebens.* Von Prof. Dr. C. Schaarschmidt in Bonn. (60 Pf.) — 6: *Sclaverei und Christenthum in der alten Welt.* Von Prof. Dr. Th. Zahn in Erlangen. (80 Pf.) — 7: *Die Päpste der Renaissance.* Von Prof. Dr. Paul Tschackert in Halle. (60 Pf.) — 8: *Die Gottesfreunde im deutschen Mittelalter.* Von Dr. R. Rieger in Darmstadt. (80 Pf.) — 9—10: *Ein Besuch der Galápagos-Inseln.* Von Dr. Theodor Wolf, Staatsgeologe der Republik Ecuador in Guayaquil. (1 M.)

Band II. 1: *Der Atheismus.* Von Prof. Dr. C. Schaarschmidt in Bonn. (60 Pf.) — 2: *Bilder aus dem Sezessionskrieg.* Von Consistorialrath Dr. M. Ebrard in Erlangen. (80 Pf.) — 3: *Die Anfänge des Christenthums in der Stadt Rom.* Von Lic. theol. R. Schmidt in Erlangen. (60 Pf.) — 4: *Die romanische Schule in Deutschland und in Frankreich.* Von Prof. Dr. Stephan Born in Basel. (60 Pf.) — 5—8: *Das Protoplasma als Träger der pflanzlichen und thierischen Lebensregungen. I. II. Vortrag: Die organische Zelle. Die Bildung der organischen Gewebe. III. Vortrag: Der Lebensträger.* Von Prof. Dr. J. v. Hanstein in Bonn. (3 M.) — 9: *Der Sturmloch zu Basel.* Von Divisionspfarrer M. Hackwell in Berlin. (60 Pf.) — 10: *Ueber die Nachahmung von Naturstimmen in der deutschen Poesie.* Von Dr. L. Jacoby in Trier. (60 Pf.)

Band III. 1: *Die Gefahren der See und die Rettung Schiffbrüchiger.* Von Contreadmiral a. D. R. Werner in Wiesbaden. (60 Pf.) — 2: *Die Entstehung des Christustypus in der abendländischen Kunst.* Von Prof. W. Haus in Erlangen. (60 Pf.) — 3: *Goethe's Stellung zur deutschen Nation.* Von Prof. Dr. Arnold Schaefer in Bonn. (60 Pf.) — 4: *Tod und Ewigkeit in den Liedern der Kirche.* Von Pfarrer G. Schlosser in Frankfurt a. M. (80 Pf.) — 5: *Darwin's Grossvater als Arzt, Dichter und Naturphilosoph.* Von Prof. Dr. O. Zöckler in Greifswald. (80 Pf.) — 6: *Der römische Bischof im vierten Jahrhundert.* Von Lic. theol. Karl Hackenschmidt in Jägerthal (Elsass). (60 Pf.) — 7: *Schmerz und Weltschmerz.* Von Dr. Alfred Blumengräber in Zwickau. (60 Pf.) — 8: *Ueber gesundes und ungesundes Aussehen.* Von Sanitätsrath Dr. B. Niemeyer in Berlin. (60 Pf.) — 9: *Die Südseeinseln und der deutsche Südseehandel.* Von Prof. Alfr. Kirchhoff in Halle. (80 Pf.) — 10: *Die Börse und die Börsensteuer.* Von Dr. Fr. Ferrel in Frankfurt a. M. (60 Pf.)

Demnächst werden erscheinen: (Die Reihenfolge ist noch nicht bestimmt:)

Christenthum und bildende Kunst. Von Prof. Wilh. Frommel in Heidelberg.
Siebenbürgen. Reisebeobachtungen und Studien. Von Prof. Dr. G. vom Rath in Bonn.
Fichte. Ein Charakterbild. Von Prof. Dr. Theodor Schott in Stuttgart.
Der Glaube an die göttliche Weltordnung und die dagegen erhobenen gewichtigen Bedenken. Von Consistorialrath Hofprediger R. Löber in Dresden.
Dante's Leben und seine göttliche Komödie. Von Dr. R. Rieger in Darmstadt.
Jeremia und seine Zeit. Von Lic. theol. Dr. C. H. Cornill in Marburg.
Irland und Sicilien. Vergleichende Reiseeindrücke. Von Prof. Dr. A. von Lasaulx in Breslau.
Ueber Alpenreisen. Von Prof. Dr. B. Klatt in Erlangen.
Vittoria Colonna, die Freundin Michelangelo's. Von Prof. W. Hauck in Erlangen.
Stille Erdwinkel. Reisebilder aus Italien. Von Pfarrer Dr. Rudolph Pfleiderer in Esslingen.
Elisabeth Charlotte (Liselotte), Herzogin von Orleans. Eine deutsche Prinzessin am französischen Hofe. Von Professor Dr. Theodor Schott in Stuttgart.
Die Sonntagsruhe vom hygienischen Standpunkt. Von Sanitätsrath Dr. Paul Niemeyer in Berlin.
Ueber Farbenblindheit. Von Hofrath Professor Dr. Otto Becker in Heidelberg.

Carl Winter's Universitätsbuchhandlung in Heidelberg.

9.

Die Südseeinseln

und der

deutsche Südseehandel.

Von

Alfred Kirchhoff,
o. Professor an der Universität in Halle.

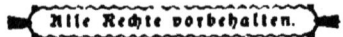

Die Südseeinseln und der deutsche Südseehandel.

1. Natur und Bevölkerung der Südseeinseln.

Die Unternehmungen einiger deutschen Kaufleute haben uns neuester Zeit in vorher ungeahnter Weise jene Inselwelt nahe gerückt, die räumlich unserer Heimat doch so fern liegt, daß die Strahlen der Morgensonne sie beleuchten, wenn es bei uns Abend geworden.

Bei der heutigen Vervollkommnung des Weltverkehrs aber entscheidet eben gar nicht mehr die Raumferne gleich einem finstern Zwingherrn über das Fernstehen der Länder unter einander, über das wechselseitige Fremdbleiben der Völker; die einst am meisten trennenden Weltmeere sind gerade die werthvollsten Vermittler zwischen den Erdfesten bis hin zu den abgelegensten Inseln geworden, machtvoll und wirkungsreich verknüpfen sich die fernsten Küsten, sobald nur deren Anwohner in wirthschaftlichen Verkehr treten, rüstig benutzend was die Menschheit erst wieder zur Einheit verband, die Seefahrt.

20*

Erst vor hundert Jahren enthüllte uns der große James Cook das bis auf ihn nur unvollständig bekannte Dritttheil der Erdoberfläche, welches der größte der Oceane überfluthet, in seinen wahren Zügen. Sein Begleiter, Georg Forster, ist es gewesen, der durch das reizvolle Bild von dem paradiesischen Taïti und seinen glücklichen Bewohnern in den weitesten Kreisen unseres Vaterlands zuerst ein lebendigeres Interesse an tropischer Idylle wachrief; lange blieb es unter uns bei der empfindsamen, jedoch ganz unthätigen Theilnahme an diesen vermeintlichen Inseln der Seligen, nun auf einmal verlangt im Sinne des Realismus, wie er unser Zeitalter auszeichnet, ein jeder zu wissen, was man eigentlich zu halten hat von diesen Inselgruppen, in deren Häfen sich die schwarzweißrothe Flagge so heimisch machte.

Nicht alle Inseln der Südsee nennen wir Südseeinseln. Den aus tiefer See ragenden Galápagos-Archipel unter der Linie stempelt schon sein Cacteengewüchs mehr zu einem Anhängsel Amerikas; was vollends im hohen Norden und am Westsaum des Stillen Meeres vom Rande des amerikanisch-asiatischen Festlandsockels insular über See steht, nur durch seichtes Gewässer von der festländischen Küste getrennt, bleibt den Landmassen zugetheilt, von denen es nur Randabgliederungen darstellt. Ebenso belassen wir Neuguinea und sein südöstliches Inselgefolge bis Neucaledonien besser bei Australien und tasten die Selbständigkeit Neuseelands nicht an, in dem wir wohl den letzten Rest eines versunkenen Festlands zu erkennen haben.

Was uns somit als Südseeinseln im engeren Sinne übrig bleibt, ist der merkwürdige allerzahlreichste Inselschwarm, der den pacifischen Tropengürtel in einem so weiten Raum durchzieht, daß Europa zweimal darin Platz haben würde. So weit wie hier entfernen sich nirgends wieder auf Erden Inseln vom Festland. Tiefes Meer scheidet sie von allen drei umgebenden Erdtheilen, unter denen sie sich am wenigsten Amerika nähern. Könnte man ihre ungezählten Scharen mosaikartig zusammenfügen, so erhielte man noch nicht einmal eine Fläche von Baierns Größe; denn nur Hawaii und die beiden Hauptinseln der Fibschigruppe messen mehr als 100 deutsche Quadratmeilen, die vier Hauptinseln der Samoa(sámoa)-Gruppe, deren Reihe der Entfernung der Elbmündung von Stettin entspricht, zusammen kaum über 50 Quadratmeilen, die weitaus meisten der übrigen würden sich im bescheidensten Umring einer unserer Städte, viele auf einem Marktplatz mäßigen Umfangs unterbringen lassen.

Gleichwohl neigen wir dazu, dieser Inselflur noch zuversichtlicher als Neuseeland den Rang eines eigenen Welttheils zuzuerkennen. Denken wir uns nämlich Europa um 1000^m gesunken, so würden nur noch seine höchsten Gebirge oberhalb des Meeresspiegels erscheinen, in langgereihten Zügen die von Sunden durchschnittenen Alpenkämme, in kürzeren oder in bloßen Gipfelkuppen die niedrigeren Gebirgshöhen. Dann wäre Europa in eine Vielinselwelt, in ein „Polynesien" verwandelt, wie man den vermutheten Südsee-Welttheil in seinem heutigen insularen Restbestand am füglichsten nennen mag. Vorzüglich die Korallenkalkfunde in erstaunlichen Tiefen des Großen Oceans sind es, welche dieser Anschauung von einem in letzteren wie in ein feuchtes, kühles Grab gesunkenen Festlande Stütze verleihen. Denn weil wir sicher wissen, daß riffbauende Korallen wie Milleporen und Madreporen, Asträen und Mäandrinen nur in dem lauen Gewässer dicht unter dem Ebbespiegel des Meeres zu leben vermögen, so ist der Schluß völlig zweifellos, daß die Südseeinseln, an deren unterseeischen Flanken sich Korallenkalk wie ein riesenhafter Steinteppich bis in Abgründe verbreitet, zu welchen kaum noch das gedämpfteste Sonnenlicht bringt, Denksteine der umfangreichsten Landversenkung darstellen, die wir kennen.

Die wenigen umfangreicheren Südseeinseln, wie die Hawaiischen im Norden, die Fidschi- und Samoagruppe oder Taïti im Süden, sind ausnahmslos Hochinseln und ebenso ausnahmslos von dunkelfarbigem, vulkanischem Gestein zusammengesetzt; die erstgenannten, mit ihrem höchsten Haupt höher als die Jungfrau im Berner Oberland emporragend, sind fortdauernd vulkanisch thätig, ununterbrochen brodelt die Lava in ihren gewaltigen Kratern auf und nieder, zischen Wasser- und Schwefeldämpfe aus dem arg zerklüfteten Felsboden; eben hier haben wir die deutlichsten Beweise vollzogener Hebung vor uns, denn über 1000^m hinauf lassen sich an den Gehängen der Vulkane Korallenriffe als ehemalige Strandlinien verfolgen, ja die Bewohner merken im Verlauf ihrer Lebenstage den Strand sich erweitern durch Aufsteigen des Landes. Die Vulkankegel der anderen erwähnten Hochinseln ruhen zwar zur Zeit, indessen ist es noch nicht lange her, daß unweit der Samoas ein vulkanischer Ausbruch im Meere selbst stattfand. Dergleichen könnte uns zu der Vermuthung führen, zu welcher Peschel neigte, es verdankten alle diese Vulkaninseln des Stillen Weltmeers unterseeischen Eruptionen ihren Ursprung. Dennoch bleibt es verstattet auch noch an die andere Möglichkeit zu denken, ob nicht die Vulkane aus dem Innern der versunkenen polynesischen Erdfeste aufgeschüttet wurden, als deren höchste Zinnen vor dem gänzlichen Verschwinden geschützt blieben und, als sie längst schon Eilande geworden, durch vulkanisches Aufstreben etwa verlorene Höhengrade von neuem erstiegen.

Daß im großen Ganzen unſer Gebiet als das einer größtentheils wohl noch unter unſeren Augen fortſchreitenden Senkung
betrachtet werden muß, duldet bei den höchſt auffallenden
Niveauverhältniſſen der Flachinſeln keinen Zweifel. Dieſe, an
Zahl ſo ſtark überwiegend, ſind nämlich faſt alle gleich niedrig;
kaum ein paar Meter hoch überragen ſie die Fluthhöhe des
Seeſpiegels, alle nur ſchmale Gebilde aus Korallenkalk und
ſo frei von auch nur hügeligen Erhebungen ihrer Ebene wie
die Hochinſeln mit Ausnahme einiger Strandſäume frei ſind
von Tiefebene. Darwins Scharfſinn verdanken wir die Erklärung dieſer über einen ſo ungeheuren Raum herrſchenden
wunderbaren Regelmäßigkeit. Weil nämlich die riffbauenden
Polypenthierchen höchſtens bis zu einer Meerestiefe gegen
40^m zu leben vermögen, konnten ſie nur dadurch auf dem
langſam einſinkenden Südſeeboden rings um die Ufer des
mehr und mehr zuſammenſchwindenden pacifiſchen Feſtlands
ihr Daſein friſten, daß ſie immer höher bauten, gleichſam
immer engere Halskrauſen um die zugleich niedriger und kleiner
werdenden Landreſte bildend; ſo ſchloß ſich, wenn die Senkung
beſtändig anhielt, jede Generation jener kleinen Riffbauer der
nächſt vorangegangenen in einer etwas höheren Stufe des
ſinkenden Abhangs an, eben um dadurch die Nähe dicht unter
dem Waſſerſpiegel zu behaupten; die im „ſtillen" Meere unauf-
hörlich brüllende Brandung riß dabei ſtets Zacken und Ecken
des friſchen Korallenbaues ab, zermalmte ſie zu Korallenſand
und warf mit ſolchem Getrümmer dünenähnliche Dämme im
Bereich des weiß aufſchäumenden Grenzſtreifens zwiſchen
Brandung und Riff auf. Nun verſtehen wir, warum dieſe
Koralleninſeln unſeren Deichbauten entfernt zu ähneln pflegen
in Langerſtreckung und Ebenheit ihres Scheitels, vor allem
warum ſie nur dort höher über dem Wogenſpiel erhaben liegen,

wo eine örtliche Hebung sie ausnahmsweise betroffen hat. Bisweilen finden wir noch innerhalb der wie ein verzogener Ring zusammenschließenden Korallenkaltwälle den letzten überseeischen Rest der Landmasse erhalten, auf deren wasserbedeckten Seiten die Riffe angelegt worden; meistens jedoch ist jede Spur des tragenden Landes versunken, über der letzten Kuppe desselben steht untiefes, smaragdgrünes Gewässer mit korallinischem Grund, deutlich sich abhebend gegen das dunkle Blau der Tiefsee ringsum und nicht selten ein trefflich schützender natürlicher Hafen, eine friedliche Oase auch im aufgeregtesten Meere, mit dem die Lagune nur durch die seichten Lücken ihres Korallenkranzes verbunden ist. Denn wenig von der schematischen Uniformität der Lehrbuchszeichnung haben solche Laguneninseln oder Atolle: einen kreisrunden, lückenlosen Bau zeigen sie natürlich niemals, so gewiß der Berg, auf dessen Gipfel sie stehen, kein mathematisch genauer Kegel war; bald schmaler, bald gegen und über ein halbes Kilometer breit verlaufen die Theilinseln, und oft dutzendweise Unterbrechungen (zur Ebbezeit naturgemäß meist weniger) zerstückeln in sie den eckigen, zerdehnten Kranz des Atolls. Wagt man es für die Südseeinseln eine Summe von ungefähr 300 anzugeben, so zählt man solche Laguneninseln als Einheiten, zu denen sie ja freilich zusammengehören; es giebt aber z. B. im Marshall-Archipel ein Atoll von nicht weniger als 64 einzelnen Inseln. Heftiger Sturm macht gar leicht aus den flachen Bankinseln blinde Klippen, verkittet an anderer Stelle bisher getrennte Theilinseln oder wirft neue auf. Auch abgesehen von den äußerst langsam fortwirkenden Hebungen und Senkungen des Untergrunds ist daher die Südsee gleich einem Firmament mit sehr veränderlichen Sternen.

Ueberschauen wir auf einer Karte, welche zugleich die See-

tiefen angiebt, die Vertheilung unserer Inseln, so bemerken wir
bald eine ziemlich durchgreifende Regel der Gruppirung. Bis
auf die streng nordsüdliche Richtung der Marianen ordnen sie
sich wesentlich in südöstlich bis ostsüdöstlich gerichtete Reihen.
Auf einem mehr kreisförmigen Sockel liegt nur die Fidschi-
gruppe; die anderen Archipele treten uns sofort entgegen als
die Spitzen äußerst lang gezogener Ellipsen, wahrer Gebirgsgrate im Schoße des Meeres. Berechtigt uns der Parallelis-
mus der Gebirgsgrate zur Aufstellung von Gebirgssystemen,
so sehen wir sogar solche vor uns: die Erhebung, deren Zinnen
Hervey- und Tubuai-Archipel heißen, läuft parallel derjenigen
der Gesellschafts- und der Paumotugruppe; die fast ganz west-
östlich auf einander folgenden Carolinen steigen doch von einer
Schwellung des Seebodens auf, die derjenigen der Hawaiischen
Inselgruppe ungefähr gleichläuft. Daß man nicht nur der
Nahelage wegen Ralik- und Ratak-Inseln zur Marshall-
gruppe vereinigen darf, lehrt die Bodenerhöhung des Grundes
von nirgends über 1800 ^{m} Meerestiefe, auf welcher sie sich
gemeinsam erheben und auf dessen im allgemeinen südöstlicher
Fortsetzung auch noch die Gilbert-, Ellice- und Samoa-Inseln
belegen sind. Gebirge aber finden wir nur dann mitten im
Meere, wenn Festlandmassen in dasselbe einsanken; aus dem
Ocean selbst wachsen unseres Wissens niemals Gebirgskämme
frei hervor. Darum dürfen wir in jenen Spuren weithin sich
erstreckender Gebirge, welche ein amerikanischer Forscher nicht
allzu kühn mit den Cordilleren der Neuen Welt verglich, sichere
Beweise eines vormals die Südsee größtentheils erfüllenden
Festlands erkennen, dessen Ausdehnung gen Nord und Süd
uns freilich verborgen bleibt, da in höheren, außertropischen
Breiten selbst das Oberflächengewässer des Meeres nicht mehr
die Minimalwärme von 23° C. einhält, welche nach Dana die

riffbauenden Korallen fordern. Nur einige einsame Hochinseln, wie die Osterinsel und Sala y Gomez, reichen noch etwas in die kühlere Meeresfläche hinaus; der Hauptbestand des Inselweltteils Polynesien muß zwischen den Wendekreisen liegen, so will es das Wärmebedürfniß seiner kleinen, rastlos schaffenden Erbauer und Erhalter.

Es wäre eine große Thorheit, aus dieser Lage in der „heißen Zone" die Unzuträglichkeit des Klimas der Südseeinseln für Europäer folgern zu wollen. Die Wahrheit ist, daß diese Inselwelt von einer ewigen Sommerluft eingehüllt wird, der Hitzeausschreitungen über die in unserem deutschen Hochsommer erreichten Temperatur-Maxima ganz fremd sind. Nahe bei 25° C. hält sich dort fast überall die Mittelwärme, und nur um ein paar Grade unterscheidet sich der kälteste von dem wärmsten Monat, Nacht von Tag; der Deutsche leistet erfahrungsmäßig unter diesem Himmel selbst zur heißesten Mittagsstunde anstrengende körperliche Arbeit ohne Schaden zu nehmen an seiner Gesundheit. Auf den Samoas z. B. kennt man keine höhere Schattentemperatur als 33.8° C. d. h. 27° R., während man in Deutschland schon oft an schwülen Julitagen beträchtlich höhere gemessen hat. Die Samoas sind ein treffliches Beispiel, wie solche Tropeneilande, umspült von einem ununterbrochen lauwarmen Meere und gefächelt vom Passatwind sich der denkbar gleichmäßigsten Wärme erfreuen: der oceanischen, im Bereich der Südseeinseln noch nicht zu $1/2$ Tausendstel von Land unterbrochenen Grundfläche, die hier kaum um 2° im Wechsel der Jahreszeiten von ihrer 28.8° C. betragenden Mitteltemperatur abweicht, entnimmt die Südseeluft auch auf den Samoas wesentlich ihre Wärme; sie steht daher im Jahresmittel genau 2° niedriger als die Oberflächenwärme des Meeres (also auf 26.8°), erreicht letztere nicht einmal im Sommermittel (= 28.1°) und bleibt bei dem zur Winterzeit am anhaltendsten aus den kühleren Breiten herwehenden Südostpassat um mehr als 3° hinter ihr zurück (Wintermittel = 25.3°). Allerdings empfindet der Europäer die Hitze einer vom wolkenlosen Morgenhimmel bereits so brennend herniederscheinenden Sonne anfangs gar nicht zu seinem Behagen; doch wenn das Tagesgestirn die dunklen Felsmassen um Mittag fast oder ganz aus dem Zenith trifft und sie erglühen macht, wo kein Schattendach sie schirmt, da setzt regelmäßig die kühlende Seebrise um so frischer ein. Bald macht man es den Eingeborenen nach in der Benutzung der allerwärts lockenden Badegelegenheit, sei es am Seestrand, sei es im kühleren Fluß; und wohl nur die auch bei Nacht in manchem Monat kaum abgeschwächt fortdauernde Wärme möchte uns angreifen, in ihr wird die mitunter verspürte Neigung zur Dysenterie begründet sein. Reichlich dienen zur Abkühlung die Regen, und auf den Hochinseln wenigstens ist kein Mangel an ihnen. Da hat man wohl auf den Fidjchis an einem einzigen Sommertag so viel Niederschlag gehabt als in Prag das ganze Jahr über. Aehnliche Ergüsse von echt tropischer Fülle kommen auch auf den Samoas vor (wo man selbst an der Küste schon bis zu 2.7 m Regenhöhe in einem Jahrgang beobachtet hat) und gleichfalls stets zur heißesten Zeit des Jahres, wenn die erhitzten Inselfelsen von den verschiedensten Seiten die Luft anziehen, der warmfeuchte Nordwest den kühleren Passat ablöst, alles Eisen rostet, kein Phosphor-Streichholz mehr zünden will und die meist nächtlichen Gewitter losbrechen. Die Thatsache der hauptsächlich bei nächtlicher Weile erfolgenden Gewitter weist an sich schon die Annahme zurück, als hätten wir es hier mit den eigentlichen Zenithalregen der Tropen zu thun, welche sich über der höchsterhitzten Landfläche regelmäßig nachmittäglich unter Elektricitätsentladung ergießen. Vollends ein äquatornaher Kalmengürtel mit stetigen Tropengüssen kann da nicht gedacht werden, wo wie hier in beiderseitiger Umgebung der Linie (von den Meridianen der Fidschi- bis zu denen der Gesellschaftsinseln) eine ganze Anzahl kleiner Flachinseln mit Guanodecke die äußerste Regenarmuth verräth. So schlimm wie auf ihnen, über deren heißem Scheitel man vom Meere heranrückende Regenschauer sich bisweilen förmlich zerspalten sieht, ohne daß der dürstende Boden nur einen Tropfen erhielte, — so schlimm ist es auf den größeren, zusammengescharten Flachinseln nicht, in welche sich des öfteren ja auch hohe Eilande einmischen. Indessen die schlimmste Noth für alle im tiefsten Niveau verharrenden Koralleninseln ist und bleibt doch die Dürre, die glücklicher Weise in der Regel zur sommerlichen Zeit des höchsten Sonnenstandes durch häufige und kräftige Regen verbannt wird, immerhin aber droht, weil der herrschende Passatwind seiner Natur nach ausschließlich dann Regen zu spenden vermag, wenn eine besondere Abkühlungsursache auf ihn wirkt. Diese ist eben allein den ragenden Vulkaninseln zur Genüge beschert, denn an ihnen verdichtet die ihre Gehänge erklimmende Luft die mitgeführte Feuchtigkeit; namentlich auf ihren obersten Höhen sind sie darum dicht bewaldet. Wald zieht sich auf der Windseite, die also stets eine mehr oder weniger östliche sein muß, wohl noch bis herab an's Gestade, nur die Leeseite deckt mitunter Savane mit bloß vereinzelten Bäumen.

Die organische Schöpfung zeigt auf den Südseeinseln, entsprechend der geschilderten Entstehungsweise letzterer, nicht in jeder Hinsicht die üppige Fülle und Mannigfaltigkeit, die man bei uns jedem Tropenland zuzumuthen pflegt. Ehe der Mensch den Hund und das Schwein hinbrachte, gab es von Säugethieren daselbst nichts als wenige Fledermausarten, im ganzen Südosten jenseit der Samoas fehlten selbst diese. Wie die Römer einst die Elephanten des Pyrrhus, für die ihre Sprache keinen Namen hatte, nach den lucanischen Ochsen nannten, den größten ihnen bekannten Thieren, so diente den Südseeinsulanern ihr Wort für Schwein, um die noch nie vorher gesehenen Thiere zu bezeichnen, welche die europäischen Seefahrer vor ihren erstaunten Blicken ausschifften; da war ihnen die Ziege „das Schwein mit den Zähnen auf der Stirn", das Pferd gar ein „Reitschwein". Vögel und Insecten mit sehr ausdauerndem Flugvermögen haben sich wohl von den entlegenen Festlanden auf die einsamsten Inseln dieser Wasseröde verbreitet, doch ist die Insectenfauna nicht reich, und unter der Vogelwelt giebt es auffallend viele allein hier lebende Formen. Eidechsen, deren Eier im stromhaft bewegten Meere Hunderte von Meilen schwimmen können ohne zu verderben, finden sich allerwegen; bei ihrer bekannten Fähigkeit Dürre zu ertragen, sieht man sie in Menge selbst auf den jüngstgeborenen Koralleninseln über den heißen Sand huschen. Frösche dagegen, deren Laich im Meere verkommt, sind bisher nur auf den Fidschis gefunden, natürlich ganz so endemisch wie die 300 Arten der Achatinella-Gattung, kleine dunkelhäusige Schnecken, die nirgends auf Erden vorkommen als auf den Hawaiischen Inseln.

Die Pflanzen bestätigen es uns am deutlichsten, daß wir hier Höhenreste eines uralten, vor Entfaltung des Säugethiertypus, also wohl lange schon vor der Tertiärzeit in die Fluthen gesunkenen Welttheils vor uns haben. Denn auf den Fidschiinseln zählt man 50, auf den Hawaiischen mehr benn 60% endemische Blüthengewächse. Sollen wir uns der Anschauung vertrauen, diese Inselgruppen seien Seegeburten von so hohem

Alter, daß im Lauf der Jahrtausende Gesäme aus allen Fernen ihnen zugeflogen und zugeschwommen, die sie liefernden Mutterpflanzen aber in demselben langen Zeitraum bei dem neuerungslustigen Gewandwechsel der sprossenden Erde allmählich überall an ihren alten Standorten ausgestorben wären? Oder sollte jemand sogar noch in unseren Tagen an das Wunder eines Entstehens unzähliger Pflanzen und Thiere auf nackt dem pacifischen Naß entstiegenen Vulkanhäuptern ohne Mutterwesen glauben? Viel einfacher und naturgemäßer dünkt uns im Zusammenhalt mit den erwähnten Spuren eingesunkener mächtig ausgedehnter Gebirge die Erklärung, welche in den endemischen Gewächsen und Thieren wesentlich das letzthinterbliebene Erbstück der Lebenswelt des vereinstigen pacifischen Festlands erblickt. Geschenkt wurde aber sicher auch mancherlei von den benachbarten Gestadeländern, besonders durch die Meeresströme, welche Polynesien dazu so hülfreich durchziehen, nicht nur durch die große äquatoriale Strömung von Amerika her, sondern auch durch die ostwärts ziehenden Gegenströme, die asiatische Pflanzensamen herbeiführten, und durch vielfache Windtriften, die nach allen Seiten den Austausch vermitteln, sobald zur Zeit der zenithständigen Sonne der Luftstrom die verschiedensten Striche der Windrose durchläuft. So begründen sich auch die korallinischen Flacheilande dank solchen Brosamen, die zumal von der reichen Tafel der großen Continente abfielen. Die an der Westküste des tropischen Amerika ureinheimische Kokospalme ließ ihre mächtige, so günstig in dicke Faserhülle geborgene Nuß auf Meeresrücken hinübertragen durch die polynesische Inselflur bis nach dem Indischen Ocean; sie schmückt nun den Strand der Hochinseln so gut wie die in ihrer Flora so viel einförmigeren Flachinseln, die dem Seefahrer allein durch ihre Federbüsche auf dem schlanken glatten Stamm der segensreichen Palme in die Ferne sichtbar werden. Was für die Oasen der nordafrikanisch-arabischen Wüste die Dattelpalme, das ist für die Südsee die Kokos; sie wiegt sich wohlgefällig in der Meeresluft, sie biegt sich ohne zu brechen im wildesten Sturm, und wenn ihr dieser die herrlichen Fieberblätter bis auf das letzte vom Schopf reißen sollte — sie hebt sich wieder empor, um aus lebensfrischer Gipfelknospe wieder einen neuen Blätterbusch zu treiben, aus dessen Grund die Blüthenrispen, die reichen Fruchtstände erwachsen. Größer als mit Amerika ist die Uebereinstimmung der Flora mit Asien, von wo auch alle durch die Eingeborenen heimisch gemachten Kulturgewächse stammen.

Hat man die tosende Brandung, die etwa am Außenriff sich bricht, im Rücken und ist durch eine der Rifflücken in die ruhige grünliche Flachsee eingefahren, wo die Krystallklarheit des Wassers das muntere Spiel meist prächtig buntfarbiger Fische bis auf den Korallengrund gewahren läßt, so kommt einem wohl das wunderbare Gewächs der Mangroven vom Inselrand bis in die See gleichsam entgegen, denn immer auf dem neutralen Gebiet zwischen Land und Meer wachsen diese auf Luftwurzelgestellen ruhenden, Luftwurzeln aus den Zweigen schlagenden Bäume, zur Fluthzeit vom Wasser umspült, während der Ebbe stelzfüßig im Schlick sich erhebend, wo Krabben und Krebse auf kleineres Gethier Jagd machen. Dahinter aber breitet sich waldige Gegend. Den Flachinseln fehlt freilich jeglicher Bach, auf den bergigen Inseln hingegen springen in Silber-Cascaden rauschende Gewässer hernieder von den Felsen, kühl erhalten selbst zur heißesten Stunde durch die Ueberwölbung mit dichtestem Waldlaub. Da fehlt nicht das Gewinde der Schlingpflanzen von Baum zu Baum, der eigenartige Schmuck der auf den Baumstämmen wachsenden

Farne und Orchideen; Palmen ragen aus der Fülle der niederen Bäume und Sträucher, ihnen ähnlich die Baumfarne mit ihrem zierlichen Fiederblattschirm, noch bis in's hohe Gebirge begleitet von gewaltigen Bambusgräsern und jener Mitgift aller feuchten Tropenlande, der Banane, deren breites Schaufelblatt in der schrundigen Steilschlucht vor der Zersetzung geschützt ist. Längst auch wurde der Romantik dieser Wildniß der holdere Abglanz menschlicher Anbauthätigkeit eingefügt, die hier nicht so wie bei uns die Landschaft ernüchtert: mit hellerem Grün schimmern einzelne Kulturflecke durch die Waldung, wo Bananen und Zuckerrohr die Hütten umgiebt, das Dunkelgrün der sparrig verästelten Pandangs mit ihren endständigen Schilfblattbüscheln, duftigen Blüthen und ananasartigen Früchten übertönt wird von den lichtgrünen, lindenähnlichen Laubkronen des großblättrigen Uru, den wir den Brotfruchtbaum nennen. Vollends wie ein Garten ist stellenweise der Ufersaum bestellt, wo er sich flach an die Berggehänge lehnt, von denen das Wasser in immer vollen Adern niederkommt; in künstlichen Aufstauungen wird da der Taro gebaut, die ihres mehlreichen Wurzelstocks wie ihres schmackhaften Blattwerks halber geschätzte Aroidee, dazu die feldmäßig gepflegten Yams und Bataten, während auch hier, freilich nicht unzersetzt, die Fruchtstaude der Banane ihren palmenähnlichen Blattschopf erhebt, Kokos, Pandang und Uru das bebaute Land dem noch wenig berührten Gebirgswald dahinter verwandt macht.

Wer nun bewohnte diese Inseln zuerst? Am frühesten scheinen Inselgruppen des Südwestens von dem australischen Archipel her bevölkert worden zu sein, also durch Papúas, wie die Malaien die Rasse nannten, welche in ziemlich dichten Scharen Neuguinea, Neubritannien und Neuirland, die Salomonen, Neuen Hebriden und Neucaledonien inne hat. „Krausköpfe" (malaiisch papuwa) wurden diese dunkel kupferfarbigen bis braunschwarzen*) Menschen genannt nach der oft wollsackartig aufgekämmten Haarkrone, in der sie sich gefallen. Noch heute bewohnen sie in einer ungefähren Kopfzahl von 116,000 die Fidschi-Gruppe, wo sie jüngst erst unter Englands Einfluß ihren Gelüsten nach Menschenfresserei entsagen mußten; im übrigen schreiben unparteiische Beobachter gerade dieser Rasse keine üblen Anlagen des Geistes und Charakters zu: sie sind seit unvordenklichen Zeiten die einzigen Töpfer der Südseeinseln gewesen, pflegten hölzernes Geräth und Fahrzeuge mit kunstsinniger Schnitzarbeit zu versehen, neugierig und erwerbslustig gern Tauschhandel anzuknüpfen, seit sich europäische Schiffe mit so vielerlei verlockender Waare in ihren Gewässern zeigten, verharrten aber wie bei ihrem angestammten Wahnglauben, worin gewiß auch ihr Kannibalismus wurzelte, so bei der alten Sitte der Väter, die mehrfach an das spartanische Zusammenleben der Waffengenossen im Gemeinde-Manneshaus unter Ausschluß von Weib und Kind gemahnt, und bei Einzelbesitz eines jeden am Grund und Boden keine Adelskaste kennt.

Auf den Marianen, den Palau- und Carolinen-Inseln, dem Marshall- und Gilbert-Archipel begegnen merkwürdiger Weise diese papuanischen Gesellschaftseinrichtungen zusammen mit strengem Ständeunterschied, wie er sonst nur den übrigen Südseeinsulanern, den Polynesiern im engeren Sinn, eigenthümlich ist, ja mit solcher Härte bisweilen, daß besitzlose Plebejer nicht mehr als drei Kinder haben dürfen und das Recht der Polygamie den Land zu eigen besitzenden Edlen und

---

*) Nach dieser Hautfarbe hat man mit einer etwas kühnen Wortbildung die papuanischen Inseln als „Schwarzinselwelt" (Melanesien) zusammengefaßt.

den Fürsten überlassen müssen. Man hat diese Insulaner nach der durchgängigen Kleinheit ihrer überwiegend korallinischen (daher im ganzen ärmeren) Inseln als Mikronesier bezeichnet und darf sie wohl, zumal das Kraushaar sowie die papuanische schmal aus dem Gesicht hervortretende, mitunter selbst etwas gebogene Nase bei ihnen vorkommt, für Mischlinge papuanisch-polynesischer Abkunft halten.

Die papuanischen Profile wechseln bereits in Mikronesien mit der breiten polynesischen Plattnase, die allem Anschein nach nebst dem schlichten polynesischen Haar dort sogar stark vorwiegt, ja theilweise alleinherrscht; jedoch sprachlich tragen die Mikronesier noch alle ein weit mehr papuanisches Gepräge, denn sie häufen harte Consonanten, lassen die Worte vielfach consonantisch auslauten und sind unter einander mundartlich so stark zerklüftet, daß ein West-Mikronesier von Yap einen Ost-Mikronesier von Ebon z. B. kaum verstehen kann. Sobald man jedoch in die ferneren Archipele gen Südost und Nordost gelangt, hört man bis hin zur Osterinsel und nach Hawaii eine dem Ohr viel wohlgefälligere, italienisch vocalreiche, besonders in Vocale ausklingende Sprache: man befindet sich im Gebiet des eigentlichen Polynesischen. Hunderte von Meilen können wir dort das Inselmeer durchsegeln und doch von Gruppe zu Gruppe uns desselben Dolmetschers bedienen; vor der neuzeitlichen Ausbreitung der seefahrenden Nationen Europas hat es überhaupt keine Sprache auf Erden gegeben, die mit so geringen dialektischen Abweichungen durch einen so weit umgrenzten Raum geredet worden wäre wie die polynesische. Als Probe des Wohllauts dieser Sprache kann uns der samoanische Text des Vertrags zwischen dem Deutschen Reich und Samoa von 1879 dienen; gleich in seinen Eingangsworten fühlt man die Anschmiegung an das weichere Idiom, indem aus „Kaiser"

Kaisa gebildet werden mußte, und wie melodisch bemerken wir die häßlichen englischen Wortklänge von Germany und Prussia im Munde der Samoaner (der weder ein b sch noch ein r hervorbringt) auferstanden, wenn wir „Kaiser von Deutschland, König von Preußen" übertragen sehen mit Kaisa o Siamani, Tupu o Polusia!

Die Polynesier bilden eine geographische Varietät der malaiischen Rasse wie die Nordamerikaner eine solche der europäischen. Wir kennen die Heimat der Malaien in Südost-Asien; von hier mögen die Vorfahren der Polynesier, die mit den braunhäutigen Bewohnern Malakas und des malaiischen Archipels unserer Tage noch sprachlich und körperlich nahe verwandt erscheinen, in frühen, jedenfalls vorchristlichen Zeiten gen Osten ausgeschwärmt sein auf ihren leicht beweglichen Booten. Jenseit der papuanischen Inselwelt trafen sie lauter unbewohnte, von Menschen kaum je berührte Eilande; kein Wunder, daß sie immer kühner in's unendliche Meer hinausfuhren, denn fast jede Insel war ja wie der gedeckte Tisch im Märchen, und so vollendeten sie von den Samoas als Ausstrahlungsstätte — nachdem sie, wie Ortsnamen-Anklänge von Hawaii bis Neuseeland beweisen, längere Zeit da noch vereint gewohnt hatten — während des Mittelalters die größte Völkerwanderung zur See, welche bis auf sie jemals vollbracht worden. Sprache, Sitten und religiöse Vorstellungen weisen gleichmäßig auf noch nicht sehr lange Getrenntheit in die einzelnen Völker der verschiedenen Inselgruppen hin, die doch andrerseits, als wir sie kennen lernten, schon Jahrhunderte ihr Sonderleben in engerem Kreise geführt hatten, wie so manche dabei entwickelte Eigenthümlichkeit andeutet. Hatten doch inzwischen die Hawaiier den nur in ihrer nunmehrigen Heimat großartigster Vulkanthätigkeit möglichen poetischen Mythus erschaffen von der Göttin Pele, welche die Lavaströme in ihrem furchtbaren Zorn über die Wohnstätten der Menschen ergießt, Feuer all ihre Wege zeichnen läßt, bis sie wieder einkehrt in ihren riesenhoch durch die Wolken ragenden Palast, den allein in der Südsee auf seiner höchsten Höhe Schneefall kennenden „weißen Berg", wo die Wolkenhalterin, ihre Schwester, die wallenden Wolkenschleier stets von neuem webt, um den heißen Busen der Pele zu kühlen.

Körperlich zählen die Polynesier zu den schönsten Menschen; versichert doch der weitgereiste Ferdinand v. Hochstetter nirgends so viel wohlgestaltete Männer und Frauen gesehen zu haben als auf den Tonga-Inseln. Männer von 2^m Höhe sind keine Seltenheit; wo die Nahrungsverhältnisse nicht wie auf so mancher Flachinsel mitunter kümmerlich ausfallen, sieht man herrliche athletische Gestalten von vorzüglicher Muskulatur. Das Braun der Haut lichtet sich bisweilen zum Bronzeton, das schöne schwarze Haar neigt zu anmuthigem Lockenfall, das große dunkle Auge funkelt Feuer und verräth Geist. Den geschmeidigen Frauen und Mädchen ist nur ein etwas kurzer Hals eigen; indessen sie selbst finden das (nach dem treffenden Satz unseres Humboldt über die Selbstbespiegelung aller Völker) gerade recht hübsch und schelten jede Engländerin einen Langhals.

Daheim in Asien sind die Malaien ein verschlossenes, in sich gekehrtes Geschlecht von Menschen. Hier im lustigen Wogengetümmel des freiesten der Oceane, wo Land und Meer so oft mit einander wetteifern, dem Menschen ein sorgenfreies Daheim zu bereiten, lebt — wenn ihm nicht eine gar zu dürftige Scholle korallinischen Erdreichs zum Loos gefallen — der polynesische Malaie ein Leben voller Lust und Freude, nicht unverwandt dem der alten Jonier an der ägäischen See.

Geschickt wie einer zimmert er sich seine schlanken Segelfahrzeuge und versieht sie gegen das Umschlagen mit dem Ausleger; kentert trotzdem das Boot oder gilt es, dasselbe durch die enge Fahrgasse des Riffs zu befördern, wozu Ruder und Segel nicht ausreichen, so ist er mit den Gefährten alsbald im Wasser hurtig dabei alles in Schick zu bringen. Das Wasser ist mehr sein Element als das Land; Fische und Schildkröten, Krebse und Muscheln geben ihm hauptsächlich die animalische Kost; schwimmen lernen die Kinder eher wie laufen, den Säugling im Arm vertraut sich furchtlos die Mutter den Wellen, mit Gejauchz die Haie scheuchend schwimmen ganze Gesellschaften in die hohe See, bis ins Greisenalter vergnügen sich beide Geschlechter in wagehalsigen Wasserkünsten, so die Hawaiier im akrobatenhaften Hinauf- und Hinabschweben mit den fast haushoch sich bäumenden Brandungswogen auf schmalem schwarzen Schwimmbrett; und auch das Tauchen ist ihnen geographisch anerzogen wie den Griechen unserer Tage durch die Schwammausbeute ihres Meeres: wo nämlich die echte Perlmuschel ihre Bänke mit schillernden Gehäusen baut, nur da sind die Südseeinsulaner Meister im Tauchen, Polynesier sogut wie Fidschi-Leute. Zu säen brauchen diese glücklichen Menschen nicht, sie ernten auch auf dem Lande ohne vieler Arbeit zu benöthigen. Außer auf den Marianen, wo Reis gebaut wurde, fanden die Entdecker nirgends Getreide; wächst doch das Brot an den köstlichen Uru-Bäumen, von denen je drei einen Mann Jahr aus Jahr ein allein ernähren können: acht Monate, so lange die Zweige sich beugen unter der Last der nach einander folgenden Früchte, bricht man die noch nicht voll ausgereiften großen Kugelfrüchte, um sie in Scheiben geschnitten zwischen heißen Steinen zu backen, daß sie wie Weißbrot schmecken, die vier übrigen Monate genießt man die in saure Gährung übergegangene Fruchtmasse, nachdem man den Bedarf aus der Erdgrube ausgestochen und zu einer Art Pumpernickel verbacken hat. Auf den quellenlosen Flachinseln bietet beim Anstrocknen der letzten Cisterne im Korallenkalk die Kokospalme in ihrem stets kühlen Nußinnern, ehe es den fertigen Kern birgt, eine vegetabilische Quelle, die reife Nuß giebt außer Nahrung das überall vielbenutzte Salböl; Ananas wachsen fast wie bei uns die Rüben, und wo, wie zumeist auf den Hochinseln, tiefgrünbiger Verwitterungsboden vulkanischen Gesteins reich benetzt wird, hat man der labenden Pandang- und Bananenfrüchte die Menge; Taro und Yams beinahe allein fordern von Hoch- und Flachinsulanern einige Anbaubemühung. Frische Blumen mag man sich alle Tage aus dem Wald brechen, das Lockenhaar zu schmücken; begnügt man sich nicht mit der Blätterschürze oder dem Lendengürtel aus Kokosbast, so greift man doch nicht zu der hier wildwachsenden Baumwollstaude, um zu spinnen und zu weben, nein ohne solche Mühsal zu fordern liefert die Bastrinde des Papiermaulbeerbaums schönsten Stoff (sogenannte Tapa) zu einer weiten, luftigen Faltentoga, der man mit zierlich gemusterten Holzplatten und dem Saft des gleichfalls wildwachsenden Kukuibaums allerhand hübsche farbige Figuren aufzudrucken pflegt. Die kastanienartigen Früchte des Kukui dienen wieder geröstet als gute Zukost, oder man reiht sie an die Rippe eines Kokosblatts und hat sich damit die billigste Beleuchtung für den Abend beschafft, denn einmal entzündet ergreift die Flamme der oberen Nuß erlöschend immer die ihr folgende. Mit Topfbereitung mochte man sich nicht befassen, auch versagten rein korallinische Eilande hierzu ebenso den Stoff wie kaum irgend eine der Inseln Metall gewährt hätte zu Werkzeugen und Waffen, auch wenn berg- und hüttenmännische Kenntniß vorhanden gewesen wäre. Eisenhartes

Holz aber hatte man genug zu Keule und Speer, Muschelschärfen ersetzten das Messer, scharfgewetzte Steine das Beileisen. Den Schweine- oder Hundebraten zum Festmahl schmorte man sich zwischen glühenden Steinen unter Blätterdecke, das Bananenblatt diente zum sauberen Auftischen auf platter Erde; härteres Blattwerk deckte die Hütte, die stets leicht aufzurichten war, wo der unschätzbare Bambus sich darbot. Aus ihm fertigte man wohl auch Geräth, soweit nicht Flaschenkürbis und Kokosschale oder ein natürlicher Flachbecher aus Schildkrot dem Zwecke besser entsprach.

Man sieht, es ist kein „Erz- und Eisenalter" nöthig, um in solchem Eden irdische Glückseligkeit zu schaffen. Und auch das ist durch die Kulturgeschichte Polynesiens bezeugt, daß Freiheit von Nahrungssorgen des Menschen Geist zu froher Bethätigung seiner Kräfte zu entfesseln vermag. Tanz- und sangeslustig fand man die fröhlichen braunen Insulaner überall, reich war zumal der Liederschatz auf den Marquesas- und Hawaiischen Inseln, die Taïtier glänzten durch ihre Beredsamkeit, wie noch heute samoanische Häuptlinge in den Versammlungen ihres Volks trefflich zu reden wissen, der Bund der Areoï auf Taïti pflegte sogar, von Ort zu Ort ziehend, dramatische Kunst, noch Darwin erfreute sich dort der Stegreifdichtung junger Mädchen im Wechselgesang beim Flackern der abendlichen Freudenfeuer, welche muntre Kinderscharen umspielten. Die Ortskunde dieser Schiffervölker hat sich auf eigenen Füßen bis zur Darstellung von Landkarten ihrer Archipele aus Stäbchen und Steinchen entfaltet. Den auch ihnen anhaftenden Hang zum Kannibalismus hatten sie bereits vor der Predigt des Christenthums überwinden gelernt, die Bevorzugung des Hundefleisches ist vielleicht der letzte Nachklang der unnatürlichen Sucht, wie ja auch die anthropophagen Njamnjam Afrikas wesentlich Hundeesser sind. Was man aber nirgends bei den Südseeinsulanern zu rühmen fand, das war Sittenstrenge und stetige Arbeit. Man lebte in den blauen Tag hinein und fröhnte den Lastern, die im Gefolge der Trägheit ziehen. Selbst wo alljährlich an kargen Flachinselstranden zu gewissen Monaten der Fischfang versagt, haben die Eingeborenen noch heute nicht gelernt für Vorrath zur rechten Zeit zu sorgen; sie hungern dann lieber. Von Mein und Dein hatten die Polynesier nie einen ernsteren Begriff; auch der Taïtier schuf sich einen Hermes Namens Hiro als Beschützer des Diebstahls, und für recht anspruchslos muß er den gütigen Helfer gehalten haben, wenn er sich dadurch mit ihm abfand, daß er ihm vom gestohlenen Schwein ein Schwanzenbchen opferte. Der Gemeine hatte ja kein wahres Eigenthum; die Gastlichkeit wurde aufs äußerste mitunter in Anspruch genommen; es kam vor, daß man nach Bestellung seines Yamsfeldes mit Weib und Kind zu den Nachbarn auf Besuch ging für mehrere Monate; um so weniger dachte man un Erwerb, wo jedem eigentlich alles oder auch, war er kein Abliger, nichts gehörte, denn der Vornehme, der für sich allein auch das Vorrecht der Seelenunsterblichkeit in Anspruch nahm, konnte ohne weiteres die Taroknollen aus dem Gartenland hinter der plebejischen Hütte ausgraben, die Früchte von den Bäumen brechen oder die Matte heischen, welche die kunstfertige Unterthanenfrau soeben vollendet. Nicht die sehr unblutigen kleinen Fehden, die sie unter einander gewohnheitsmäßig führten, sondern zweierlei Ruchlosigkeit hielt die Zahl der polynesischen Insulaner in engeren Grenzen: unnatürliche Wollust neben Fruchtabtreiben und der völlig gewissenlos getriebene Kindermord. Die letztere Unsitte, besonders gegen neugeborene Mädchen geübt (so daß Ellis in den zwanziger

Jahren das Zahlenverhältniß der weiblichen zur männlichen Bevölkerung stellenweise wie 3:4 fand), hat das Christenthum ausgerottet; die erstere wirkt offenbar noch vielfach weiter. Eine düstere Wahrheit schleuderte einst eine Pelepriesterin dem edlen Ellis in's Gesicht, da sie sagte: „Meine Göttin hat mit all ihren Lavaströmen nicht so viel Unheil über diese Menschen gebracht als ihr Weißen mit eurem Feuerwasser und mit euren Krankheiten!" Außer Matrosen-Rohheit und jener händlerischen Selbstsucht, der es nicht beikommt in dem Farbigen den Menschen zu achten, hat leider mit den eben berührten Lastern das unvermeidliche Verhängniß der steten Zunahme der Krankheiten beim Anfässigwerden unserer Rasse inmitten solcher Naturvölker Tausende und aber Tausende der nichts Böses ahnenden, freundlich die Fremden aufnehmenden Insulaner im Lauf dieses Jahrhunderts dahingerafft. Räthselhaft griffen häufig durch den Verkehr mit Europäern Lungenkrankheiten um sich, anderwärts verheerten die Pocken; gleich nach der englischen Besitzergreifung starben 1875 ungefähr 40,000 Fidschianer an den Masern und viele der Ueberlebenden verfielen dem Lungensiechthum; auf dem Hawaiischen Archipel scheint die dort am vollständigsten und ziemlich unvermittelt vollzogene Annahme unserer Kleidungsmode durch plötzliche Hinderung der gewohnten Hautausdünstung Fieber und Rheumatismen verbreitet zu haben, wenn jedoch dort ganze Dörfer gegenwärtig des Kindersegens völlig entbehren, so blicken wieder alte Sünden durch. Trotz der zahlreichen Einwanderung aus Nordamerika und China ist bei derartiger Minderung der zu Cooks Zeit nach Hunderttausenden zählenden Eingeborenenzahl die Volksmenge der Hawaiischen Inselgruppe unter die Hälfte derjenigen der Fidschis gesunken. Dadurch hauptsächlich ist es zu erklären, daß die Gesammtbewohnerschaft der polynesischen Südsee gegenwärtig sich nur auf etwa 183,000 veranschlagen läßt, wozu sich noch nahezu 80,000 Mikronesier gesellen. Im ganzen ist die auf das Stille Weltmeer getaufte Inselschar also in der That zur Zeit nur schwach bevölkert; bei gleichmäßig gedachter Vertheilung ihrer 380,400 Bewohner (wobei wir die 118,000 Fidschi-Bewohner, Einheimische und Ansiedler, natürlich mitzählen) würden nur 312 auf je eine deutsche Quadratmeile entfallen, gegenüber 4400 im Deutschen Reich! Dichter bevölkert sind in der Regel die flachen Inseln, da sie trotz ihres oft wenig ergiebigen Bodens den Pflanzungen durchaus offen liegen, während die Schrofen der vulkanischen Inseln die Siedelungen meistens auf den Uferring beschränken, das große Hawaii z. B. freilich auch auf den Lava- und Aschenfeldern seines höchstgelegenen Inneren nur Viehzucht gestattet. Die Tonga-Gruppe in nächster Nachbarschaft der Samoas, welche die Vorzüge der Flachinseln mit gutem Boden und genügendem Niederschlag verbindet, dürfte gegenwärtig der relativ bevölkertste aller Südsee-Archipele sein, da seine 19 Quadratmeilen mindestens 20,000 Menschen ernähren; und auch auf Jaluit, dem wichtigsten, indessen kaum über 1 Quadratmeile messenden Atoll der Ralik-Reihe, zählte jüngst unser Konsul Hernsheim 1006 Seelen. Kaum über $^1/_4$ solcher Dichtigkeit darf man den Hochinseln im Mittel beimessen. Zwar die Samoas, mit ihren 36,800 Bewohnern der volkreichste Südsee-Archipel nächst dem von Fidschi und Hawaii, weist eine Mitteldichtigkeit von 670 auf die deutsche Geviertmeile auf, Taïti dagegen hat beispielshalber bei einer unser Rügen noch etwas übertreffenden Größe nicht wie dieses 45,400, sondern nur 9,100 Bewohner. Kurz gerade die an Zahl sehr zurückstehenden, aber an Umfang über $^2/_3$ des Südseeinsel-Areals ausmachenden Hochinseln sind noch fähig zu einer starken Volksvermehrung.

Nur durch ansehnliche Bereicherung der Arbeitskräfte wird man die verborgenen Schätze auch dieser Tropenlande heben und der Welt nutzbar machen können. Es sind keine Schätze edlen Metalls, die dort im Verborgenen glänzen, trügerischen, sicher sich erschöpfenden Gewinn verheißend; nein es locken die stets sich erneuernden im leuchtenden Tropensonnenschein zu erntenden Gaben der Flora. Ueppig spendet diese schon von selbst, ohne daß sich der Eingeborene gemüßigt sähe das Köstliche nur überall zu sammeln; weit reichlicher, weit mehr zu der Menschheit Nutz und Frommen wird sie jedoch spenden, wenn man unter verständiger Berechnung mit Hülfe vieler fleißiger Hände den üppigen Wachsthumsdrang nach nützlichen Zielen leitet. Darin liegt die Zukunft des Welthandels mit der Südsee, hoffentlich auch des deutschen.

2. Der deutsche Südseehandel.

In der überhaupt noch kaum hundertjährigen Geschichte der dauernden Handelsbeziehungen kultivirter Völker zu den Inseln der Südsee ist das Hervorragen der Deutschen vor allen übrigen Nationen der jüngste Umschwung, der sich kurz vor der Mitte unseres Jahrhunderts einzuleiten begann und erst gegen Ende der sechziger Jahre zur vollendeten Thatsache wurde. Wenigstens bei den Hauptphasen dieser bedeutungsvollen Entwicklung, die, wenn glücklich fortgesetzt, dem Wohlstande unseres Vaterlandes und seinem Ansehen auf Erden so außerordentlich förderlich zu werden verspricht, wollen wir an der Hand gut beglaubigter Quellen*) verweilen.

---

*) Außer auf völlig zuverlässige persönliche Mittheilungen stützt sich das Folgende selbstverständlich ganz überwiegend auf die amtliche Zusammenstellung der „Verträge und Uebereinkünfte des Deutschen Reichs mit den Samoa-Inseln und anderen unabhängigen Inselgruppen der

Der gewöhnliche Tauschhandel, den die Seefahrer zum Erwerb der nöthigen Nahrungsmittel anknüpften, war auch in diesem fernen Weltmeer der unscheinbare Ursprung des Handelsverkehrs zwischen Einheimischen und Fremden. Ihn trieben die unter spanischer, niederländischer, englischer und französischer Flagge fahrenden Entdeckungsreisenden, ihn die Walfischfänger, welche im Laufe dieses Jahrhunderts, gelockt durch den guten Fang, zu immer größeren Scharen jene Inselgruppen umschwärmten und in ihren Häfen rasteten.

Der Gewinn, der sich bei diesem Tauschhandel herausstellte, war natürlich ein im Verhältniß zum Angebot ungeheurer. Bekannt ist ja die Werthschätzung, welchen die Taïtier z. B. den gewöhnlichsten Eisennägeln beilegten; ein taïtischer Häuptling sammelte sich allein dadurch Reichthümer, daß er einen von Cook zum Geschenk erhaltenen Nagel zu Bohrarbeiten anderen verlieh. Für fast werthlose Glas- oder Porzellanperlen, für die billigsten Tücher und nun gar Messer und Beile aus Stahl und Eisen konnte man von den noch durchaus „im Steinzeitalter" lebenden Insulanern alles erhandeln, was sie besaßen. Das aber war nicht nur für den chinesischen Markt Werthvolles, wie duftiges Sandelholz und als Delikatesse höchsten Ranges von den Zopfleuten ersehnter Trepang, sondern auch manches für europäische Kundschaft: Perlen und Perlmutter der echten Perlmuschel, vorzügliches Schildpatt und Kokosnüsse. Auf letztere richtete sich gar bald ganz

---

Südsee nebst Uebersichtskarten, erläuternder Denkschrift u. s. w.", dem Bundesrath und Reichstag 1879 vorgelegt und auch buchhändlerisch zu beziehen (im Verlag von L. Friederichsen in Hamburg). Einzelne Notizen sind auch dem „Export" entnommen, dem ausgezeichnet redigirten Organ des Berliner Centralvereins für Handelsgeographie und Förderung Deutscher Interessen im Auslande.

hauptsächlich der nun für kaufmännische Ausfuhr beginnende Tauschhandel. Wie einst die Purpurschnecke unser Mittelmeer mit den Rundschiffen der phönizischen Kauffahrtei erfüllte, so zog die dauerbarste aller Palmenfrüchte, die kopfgroße Kokosnuß, die flinkeren Segler der Neuzeit bis in die entlegensten Theile des Großen Oceans. Und wie die Phönizier klug genug waren, statt der massigen Last der Purpurschnecken mit ihren nutzlosen Gehäusen alsbald nur den ausgepreßten Färbesaft derselben an Bord zu nehmen, behufs dessen also Faktoreien am Barbarengestade anlegten, so mochten auch unsere Händler sich bald nicht mehr mit den großen, im Innern des ausgereiften Kerns noch dazu eine weite Höhlung umschließenden Nüssen der Kokos beladen, da man eigentlich doch nur das Kernöl derselben haben wollte. So richtete man sich denn allmählich auf den Inseln ein, kaufte den braunen Menschen ihr Kokosöl ab, füllte es in Fässer und versandte es zu weiterer Verarbeitung nach Australien und Europa.

Daß aus diesem noch immer ziemlich unbedeutenden Handelsbetrieb ein wirklich großartiges Geschäft wurde, zugleich mit beträchtlicher Erweiterung der Produktion durch Plantagenwirthschaft, — das ist das unleugbare Verdienst des Hamburger Kaufherrn Johann César Godeffroy. Was verdankt nicht Deutschland, vornehmlich Norddeutschland für seinen industriellen und merkantilen Aufschwung den reformirten Franzosen, welche vor zweihundert Jahren der bethörte Ludwig XIV. des Landes verwies! Auch die Godeffroy'sche ist eine dieser Réfugiéfamilien, in der sich ein rüstiger Unternehmungssinn forterbte, als schon längst echt deutsches Blut in den Adern ihrer Sprossen floß. Nach Sinnesart wie im Aussehen ganz deutsch, ein schlicht bescheidener Mann, leitete J. C. Godeffroy seit 1845 die Geschäftsbeziehungen seines

Hauses kühn in jene oceanischen Fernen der uns abgewendeten Erbhälfte, und im Laufe weniger Jahrzehnte wurde das schmale Giebelhaus am Alten Wandrahm (in einem Winkel des äußersten Südostens von Hamburg nahe dem Oberhafen), wo er sein Comptoir hatte, der Herrschersitz unseres Südseekönigs. Die geographische Lage an der wichtigsten Weltmeer- mithin auch Welthandelspforte Deutschlands konnte nicht günstiger gedacht werden, und ohne Zweifel hat auch sie ihren Antheil an dem mächtigen Ausbau des Godeffroy'schen Südseegeschäfts. Das gute Beste that aber doch der Fleiß, die Ausdauer und der weitausschauende, wie von einer stillen Warte aus die einschlägigen Verhältnisse um's ganze Erdenrund beobachtende Blick seines Leiters.

Bereits vom Jahre 1861 an warf dieser Geschäftsbetrieb so viel an Reingewinn ab, daß seitdem ununterbrochen im Auftrage und auf Kosten Godeffroys Naturforscher und Sammler das Stille Weltmeer durchfuhren, seine Inselräume, ja das benachbarte Australien durchwanderten, um diese der Wissenschaft eben erst zu erwerbenden Theile unserer Erde näher zu erkunden. Das naturhistorisch-ethnologische „Museum Godeffroy" in Hamburg, die nach ihm benannten prächtigen Quartanten, in welchen dessen Sammlungsschätze von trefflichen Fachmännern bearbeitet nebst den werthvollen Schilderungen der Godeffroy'schen Sendboten in Wort und Bild der wissenschaftlichen Welt vorgelegt wurden, sind beide bleibende Denkmäler des edlen, uneigennützigen Sinnes wie der geschäftlichen Tüchtigkeit dieses Musters eines deutschen Großhändlers. Theils mit ihm verbunden, theils selbstständig wirkten zwar auch andere Firmen mit der Godeffroy'schen zusammen; so Ruge und Hedemann, Capelle, Wachsmuth und Krogmann, Hennings, der mit dem Hamburger Robertson associirte Mainzer Hernsheim, welcher letztere auf den Ralik-Inseln der Marshall-Gruppe den Hauptmittelpunkt seiner Unternehmungen fand und selbst mitten zwischen den Kannibalen-Inseln Neuirland und Neubritannien auf Duke of York sich festsetzte. Doch der Bahnbrecher und vorbildliche Organisator war immer Godeffroy; ihm verdanken wir vor allem die Umwandlung des Kokosöl-Geschäfts der Südsee in ein Kopra-Geschäft und die Einrichtung des dortigen Plantagenwesens im größten Stile.

Es ist noch nicht viel über zehn Jahre her, daß Godeffroy auf das Verfahren der Marseiller Fabrikanten aufmerksam wurde, welche die Kerne ceylonesischer Kokosnüsse, in Ceylon getrocknet, auf französischem Boden mit Maschinenhülfe auspreßten. Sein Beispiel der Uebertragung dieses Verfahrens auf die Südsee-Kokos fand allgemeine Nachahmung, man vermied dadurch die bisherigen nicht unbeträchtlichen Verluste durch das Lecken der Oeltonnen auf der weiten Seereise, vermochte die Kernmasse viel vollständiger auf ihren Oelgehalt zu verwerthen als vorher bei bloßer Handpressung und erzielte noch einen erklecklichen Gewinn durch die Preßrückstände. Nur darauf mußte auf der Erntestelle der Nüsse sorglich Acht gegeben werden, daß die Kopra b. h. die in weiße, außen braun überkrustete Scherbenstücke zerbrochene Kernmasse der Kokosfrüchte beim Trocknen unter freiem Himmel vor Regen geschützt würde, weil sonst die Güte des Oels beeinträchtigt wird; ist das besorgt, so mag man die Kopra zu weitester Verfrachtung unmittelbar in den Schiffsraum laden. In den heimischen Fabriken, wie in Harburg, Magdeburg, Berlin entquillt sodann der durch heiße Dämpfe erweichten Kopra unter dem Druck der Maschinenpresse zuerst das wasserhelle, für mannigfache Verwendung hochgeschätzte Kokosöl (bei 30° C. zu einer fettähnlichen weißen Masse erstarrend), zuletzt eine dicke unreinere Halbflüssigkeit, welche zum Einölen metallener Maschinentheile guten Absatz findet. Was an pflanzlichem Zellstoff dabei hinterbleibt, ist noch reich an nahrhaften Einschlüssen und wird daher zu lichtgrauen dicken „Kokoskuchen" (von etwa $1/2^m$ im Quadrat) verarbeitet; diese geben, bei einem Centnerpreis von nur 13 Mk., ein vorzügliches Viehfutter: mit ein paar Pfund Kokoskuchen, in's Trinkwasser eingerührt, genügen 10 bis 13 Pfund Heu zur Tagesration eines Rindes.

Die starke Basthülle der Kokosnüsse, die sogenannte Kokosfaser oder Coir [keur] versteht man seit kurzem zwar auch bei uns zu jenen wohlfeilen Kokosmatten zu verflechten, mit denen wir Treppen, Flur- und Zimmerboden sauber zu halten pflegen; jedoch weit unentbehrlicher ist natürlich diese bräunliche Faser den Insulanern der Südsee, zumal sie auf dem Wasser schwimmt ohne unterzusinken; sie ersetzt ihnen den Hanf, aus ihr verfertigen sie sich ihre Stricke, Taue, Schleudern, ja selbst mitunter hieb- und stichfeste Panzer. Erinnern wir uns dazu des Werthes, welchen die Nußkerne für dieselben Insulaner als Nahrungsmittel und noch mehr vor der Reife durch die den Kern vorbildende fast klare „Kokosmilch" als erfrischendes Getränk besitzen, so kann es uns nicht verwundern, daß heut zu Tage bereits die verstärkte Nachfrage der weißen Händler den Preis der Kokosnüsse ziemlich hoch emporgeschraubt hat, die Tonne (zu 20 Zollcentner) Kopra an Ort und Stelle nicht unter 280 Mk. zu haben ist. Um so einladender nur mußte bei einem Absatzpreis der Tonne Kopra auf dem Liverpooler, Londoner oder Hamburger Markte zu 380—400 Mk. die eigene Anpflanzung von Kokospalmen erscheinen. Es galt sich von der Willkür in der Preisforderung der Eingeborenen und von allerlei Zufälligkeiten ihrer Pflan-

zungsausdehnung zu befreien durch selbstständige Plantagen-
anlage. Fand doch eins unserer Kriegsschiffe den Atollring
von Funafuti in der Ellice-Gruppe (aus über 30 Inseln be-
stehend, von denen zwei mehrere Stunden lang) in Folge einer
in der Mitte der sechziger Jahre durch peruanische Sklaven-
jäger erlittenen Entvölkerung noch gegen Ende 1878 nur von
156 Menschen bewohnt, die nun solchen Ueberfluß an Nahrungs-
mitteln hatten, daß sie nicht im entferntesten an Erweiterung
ihrer Pflanzungen dachten, vielmehr selbst die Früchte der
vorhandenen in ganzen Bergen verfaulen ließen, wenn keiner
kam sie zu kaufen; und dabei könnte nach einer ungefähren
Veranschlagung allein Funafuti gegen 600 Tonnen Kopra (im
Werthe von 168,000 Mk. an Ort und Stelle) Jahr für
Jahr erzeugen!

Die deutschen Kaufleute wurden also Pflanzer, richtiger
gesagt Plantagenbesitzer. Der Ankauf der Kopra durch ihre
Agenten auf den verschiedensten Archipelen hörte keineswegs
auf, aber das Erträgniß der eigenen Kokoshaine steigerte die
Rimesse gewaltig, ohne welche die mit der europäischen Tauschwaare versehenen Schiffe nun schon längst nicht mehr die Heim-
fahrt anzutreten brauchten. In möglichster Nähe der Haupt-
handelsstation suchte man Grund und Boden zur Pflanzungsan-
lage zu erwerben, was in der Regel billig genug geschehen konnte.
Auf Upolu (úpolu), derjenigen Samoa-Insel, auf deren Nord-
küste (am Apia-Hafen) der wichtigste Mittelpunkt der deutschen
Südseehandlung sich befindet, kostet im Innern der Acker*)
Landes je nach Lage und Beschaffenheit 4—20 Mk.; Uferland
ist beträchtlich theurer, denn da erhöht die von der Natur
gewährte Zugänglichkeit in dem noch so unwegsamen Lande

---

*) Gemeint ist hier stets der englische Acker (acre) = 1.₅ Morgen.

den Bodenwerth; aber für 60 Mark ist selbst dicht am Gestade der beste Acker zu haben. In einem ungefähren Abstand von 10^m lassen sich auf einem solchen Geviert 80 Kokospalmen aufziehen; ehe sie zu beschattenden Bäumchen aufwachsen, pflanzt man auf dem nämlichen Boden Baumwolle, erntet 500 Pfund der ausgezeichneten sea-island-cotton*) und erzielt schon damit eine jährliche Rente von 42—43% im Mittel! Vom 6. Jahre an tragen dann die Palmenbäume, mit ihrem 10. Lebensjahre werden sie vollkräftig, d. h. sie bringen dann alljährlich je 100 Nüsse und erreichen ein Alter so hoch wie das, welches der Psalmist dem Menschen verheißt, wenn er sein Leben weit hinauszuführen wisse. Rechnen wir demnach die Bäume eines Ackers zu drei Viertel als vollausgewachsen, so erntet man von ihnen jährlich gerade 6000 Nüsse. Diese ergeben genau eine Tonne Kopra. Ein 5 Acker solcher Kokospflanzungen versehender Arbeiter erhält durchschnittlich 180 Mk. Jahreslohn; seine Verpflegung stellt sich für dieselbe Frist auf 200 Mk., so daß einschließlich der Wohnung, die man für die Arbeiter herzurichten hat, die gesammte Auslage für die Pflanzungsbewirthschaftung eines höchstens für 60 Mark erkauften Landstücks im Jahre etwa auf 80 Mark zu stehen kommt, wofür man nach den erst angegebenen Koprapreisen am Ort einen Verdienst von 280, auf europäischen Märkten (wo nur der nicht erhebliche Versandabzug in Rechnung zu bringen) einen solchen bis zu 400 (mitunter bis zu 460 Mk.) erzielt, ganz abgesehen von der Kokosfaser, die auf den Inseln selbst der Kopra an Werth mindestens gleich steht. Wo gäbe es auf Erden eine gewinnreichere Veranlagung des

---

*) Je ein Pfund derselben wird gegenwärtig auf dem europäischen Baumwollenmarkt mit 13.₃ Mark bezahlt.

Kapitals in tropischer Fruchtpflanzung, in Landanbau überhaupt!

Der Kultureinfluß der Handels- und Plantagenvergrößerung, wie er in der Südsee ganz vornehmlich durch die Deutschen erwirkt wurde, äußert sich auf die dortigen Eingeborenen in doppelter Weise: durch Hebung der materiellen Verhältnisse auf fast allen Inselgruppen, indem Ueberschüsse der Bodenerzeugnisse nun nicht mehr als unnützer Ballast erscheinen, die Insulaner vielmehr durch die häufiger und regelmäßiger als je ihnen gebotene Tauschwaare der Händler zum Arbeiten angespornt werden, vermittelst der eingehandelten, so sehr viel besseren Geräthe ihre Arbeit zugleich erleichtern und vervollkommnen, kurz in verschiedenster Richtung ein menschenwürdigeres Dasein zu führen beginnen; sodann aber in der Einwirkung auf diejenigen, welche Dienste auf den Pflanzungen übernehmen, um später, heimgekehrt zu den Ihren, gewissermaßen Missionäre höherer Gesittung zu werden.

In ersterer Beziehung genüge ein Blick auf die Tongagruppe in Samoas Südsüdwesten. Umgänglich und zutraulich fand schon Cook die Bewohner derselben; darauf münzte er ja seine Bezeichnung dieser Inseln als der „freundlichen". Jedoch von dem trägen Verbringen ihrer Tage in polynesischer Harmlosigkeit machten auch sie keine Ausnahme, so daß höchstens einmal ein fröhlicher kleiner Krieg die Einförmigkeit des im Grunde armseligen Lebens auf dem reichen Fruchtboden der überwiegend flachen Eilande unterbrach. Da weckte sie der beginnende Ausfuhrhandel aus ihrem Schlummer, obwohl zunächst nur kleine Kokosölladungen von hier nach Australien gingen. Man fing nun an, die elenden, höchstens mit Knochen und Steinspitzen versehenen Hacken zur Bodenbearbeitung durch eiserne zu ersetzen; ohne daß die Bevölkerung wuchs, wuchs

der Anbau, daß bald Insel für Insel von Fruchtgärten in
sauberen Gehegen ergrünten, nicht unebenbürtig den gesegnetsten Gefilden europäischer Lande; selbst in der Kleidung
europäisirten sich allgemach die Tonganer recht augenfällig
durch geschmackvolle Vereinigung gekaufter Webstoffe mit der
heimischen Tapa-Toga. Daß sie aber sogar lesen und schreiben
lernten, in die Lehren des Christenthums eingeführt wurden,
das wäre kaum in dem Maße geglückt, wenn nicht Godeffroy
einen sehr innigen Bund mit der nach mehreren unglücklichen
Versuchen endlich dort festbegründeten englischen Mission der
Wesleyaner geschlossen hätte. Aus freien Stücken legten sich
nämlich die Tonganer eine Kopfsteuer für ihre Kirche auf,
ungefähr je 10 Mk., d. h. in Summa nicht weniger als
200,000 Mk., bezahlten sie indessen naturgemäß in — Kopra.
Der ehrenwerthe Leiter der tonganischen Mission, Baker, welcher
nebenbei dem Haus Godeffroy das Alleinrecht der Perlenfischerei
in diesem Archipel von Tongas König verschaffte, hätte ohne
großhändlerische Vermittlung unmöglich von solcher frommen
Gabe den rechten Nutzen zu ziehen vermocht, hätte nicht Godeffroy an die 30 Agenturen auf den Tonga-Inseln eingerichtet,
um die Kopra der Wesleyaner zu sammeln und ihnen entsprechend zu vergüten. Aber Godeffroy gedachte freilich nicht
bloß der lebendige Klingelbeutel für die Wesleysche Tonga-Mission zu sein, er plante eine umfassende Anlage von Kokoswäldern daselbst zum Betrieb für eigene Rechnung. Denn
dort hindert weder die Steilheit und Höhe vulkanischer Felsen
die Palmenpflanzung, wie großentheils auf den Samoas, noch
auch die allzu kärgliche Bodenart, wie sie so vielen Flachinseln
eigen ist. Man hoffte, 180,000 Kokosbäume aufbringen zu
können zu einer Jahresernte von 3000 Tonnen Kopra, wodurch
die Tongas zur Hauptstätte der Kopragewinnung in der ganzen

Südsee erhoben werden würden. Das aber erfordert starke Zufuhr fremder Arbeitskräfte.

Wir kennen ja die Polynesier als ein gleich anderen Naturvölkern seit Alters dem holden Nichtsthun ergebenes Geschlecht; ihre eigenthümlichen kommunistischen Verfassungen ließen vollends unzählige Jahrhunderte hindurch kein rechtes Sondereigenthum der Person aufkommen, trugen mithin das Ihre bei, durch mangelnde Anregung des Erwerbstriebes diesen Völkerstämmen Arbeitsscheu anzuerben, wozu sich nun, als für die Plantagen der Deutschen unter ihnen geworben wurde, der Stolz gesellte, nicht ins Joch der Fremden sich spannen zu lassen. Die Papuas, seit Alters frei von kommunistischen Einrichtungen, wie wir sahen, und schon darum mehr auf den Erwerb aus, zeigten sich von vornherein williger zum Plantagendienst, und ließen sich auch leichter an stetige Beschäftigung gewöhnen. Die mikronesischen Archipele boten vor allem in Folge geringerer Bodenfruchtbarkeit und theilweiser Uebervölkerung gute Werbeplätze für Plantagen-Arbeiter, besonders die den Samoas nächstgelegenen Gruppen der Kingsmill- (oder Gilbert-) und der Marshall-Inseln. Denn den Samoanern selbst fiel es nicht ein, sich auf die Pflanzung dingen zu lassen; höchstens halbwüchsige Burschen ließen sich dazu herbei, in Apia gegen guten Tagelohn auf Godeffroys Waarenlagern beim Reinigen und Einpressen der Baumwolle Dienste zu leisten. Die armen Kingsmill-Insulaner dagegen freuten sich, ihre Heimath, wo einbrechende Dürre mitunter der halben Bevölkerung den Hungertod bereitet, zeitweise verlassen zu können auf sicheren Verdienst bei freier Verpflegung.

In denselben siebziger Jahren, in welchen die Kaffern nach den Diamantenfeldern des Caplands strömten und dann von jenen Fundstätten der edelsten Steine neben äußerlichen

Civilisationsflittern die scheußlichsten Krankheiten in ihre abgelegenen Kraale verschleppten, wo sich bald entsetzlich verbreitete, was man früher nie gekannt, — da wurden die deutschen Südseeplantagen gar andere Bildungsstätten in ähnlichem Gange. Fast nackt, schlecht genährt, nicht selten von widrigen Hautausschlägen und anderen Leiden geplagt, kamen die scheuen Mikronesier oder die breister dreinschauenden, jedoch erst recht ungeschlachten Papuas auf die samoanische Pflanzung; auf 3—5 Jahre verpflichten sie sich gewöhnlich dort zu bleiben; man läßt die Familien beisammen, gewährt ihnen in landesüblichen Hütten oder größeren Baracken besseres Unterkommen als sie daheim gewöhnt sind, reicht ihnen zusagende Kost, pflegt ihre Gesundheit, läßt ihnen nach täglich 9stündiger Arbeit freie Zeit zu ihren Fischzügen und abendlichen Tänzen, giebt ihnen den Sonntag ganz frei, katholischen wie protestantischen Missionären ihre religiöse Unterweisung anheimstellend, und ist die Dingzeit vorüber, so sieht man gründlich zu ihrem Besten umgewandelte Menschen heimwärtsziehen, öfters, um bald in die liebgewonnene Stellung zurückzukehren. Gesund geworden oder geblieben, gekräftigt durch gleichmäßig nahrhafte Kost, mit Kleidung und allerlei Habe europäischer Fabrikation versehen, womit sie ausgelöhnt worden, sind sie unbewußt aus der Sphäre des nur nach Ungebundenheit und Schlaraffenthum trachtenden Naturvolks hinübergeschritten in die der Kulturwelt; denn sie haben den Segen nützlicher Arbeit an sich selbst kennen gelernt.

Wahrlich kein Ebenbild der Negersklaverei unter der Knute der amerikanischen Baumwollbarone eine derartige Plantage wie etwa Wailili westwärts von Apia, wo Jung und Alt, Männer und Weiber, 550 an der Zahl, fleißig die Hände regen! Und allein an der Schwierigkeit des noch zahlreicheren

Arbeiterbezugs in der menschenöden Oceanwüste ist es bisher gescheitert, auch nur die bereits in Godeffroys Hand übergegangenen Latifundien Upolus und der größeren Nachbarinsel Savaii zu mehr als dem kleinsten Theil zu bepflanzen. Vorzüglich gedeiht hier wie auf den Fidschi-Inseln Zuckerrohr und Mais; die kühleren Höhen der Samoas tragen einen ausgezeichneten Kaffee, die mejicanische Vanille ist mit Glück dorthin verpflanzt, selbst vom Theestrauch, der bis jetzt so eigensinnig seine asiatische Monsunheimat innehielt, hofft man nicht ohne Grund das Gleiche. Apia, vor einem Menschenalter ein namenloses Gestade, hat sich auf solche Weise emporgeschwungen zu einem der wichtigsten Hafenplätze des pacifischen Erdbrittels; hohe Vulkankegel umrahmen den Gesichtskreis, wenn man gen Süden blickt, Mangrovewäldern zur Seite liegt im Vordergrund eine der deutschen Plantagen, daneben die französische Mission, von Bananen und Orangenhainen umfangen, am Strand weht lustig das deutsche Banner auf unserm Konsulat zwischen der deutschen Werft und der deutschen Handelsfaktorei, und selten grüßen andere als schwarzweißrothe Wimpel von den Schiffen im Hafen, von denen man wohl sechs, sieben gleichzeitig Ladung nehmen sieht. Ist doch Apia für das ganze westliche Gebiet des deutschen Südseehandels (in dessen Umfang man allein schon ganz Europa versenken könnte) der Herzpunkt, wo die bunten europäisch-australischen Manufakturwaaren gelöscht werden zum Detailvertrieb in die einzelnen nahen wie fernen Agenturen, hingegen die Bodenerzeugnisse letzterer Bezirke gesammelt werden zur transpacifischen Ausfuhr. Wenig unterrichtet sind wir über den Ostflügel unseres Südseehandels, der unter der Mißgunst der französischen Verwaltung zu leiden hat, mit der er Taïti als Mittelpunkt theilt; er ist auch der Natur der Sache nach der minder be-

beutenbe. Selbst aber von Apia würde man sich ein falsches
Bild machen, wenn man den Schmerzensruf eines Amerikaners
„Samoa ist schon heute eine deutsche Kolonie" zu wörtlich
nähme. Man zählt in Apia, einer Ortschaft von 3000 Ein-
wohnern, etwa 200 Wohnungen europäischen Aussehens,
und kaum größer möchte die Zahl der ständigen Bewohner
unserer Rasse sein, worunter mehr Engländer als Deutsche.
Auffallen muß, daß sogar im Betrieb des deutschen Südseegeschäfts eine Menge Engländer Anstellung gefunden haben,
wie es scheint mehr als Deutsche. Sicher liegt das an dem
bisher ungenügenden Angebot tüchtiger inländischer Kapaci-
täten, die sich der englischen Sprache, der Welthandelssprache,
mächtig und zugleich, was bei uns weit seltener zutrifft, im
Kolonialgeschäft gründlich erfahren zeigten. Nicht minder
bedürftig sind die fernen Inseln guter Handwerker, die sich
von Haus aus mit nachhaltigem Vorrath an Handwerkszeug
versehen müßten, dann aber auch gewiß bestens an der Stelle
wären, um mit Hammer und Amboß, Säge und Hobel, Stichel
und Pfriemen zu schaffen, was man zur Stunde dort nur
mit Mühe oder gar nicht erlangen kann.

Alle im Obigen geschilderten Unternehmungen und Ver-
suche sind ja noch durchaus im Werden! Ein unermeßlicher
Raum für den Wettbewerb der Rüstigsten unter den Völkern
der Erde hat seine Schranken kaum erst geöffnet, aber nicht
wie in all den anderen Fällen ähnlicher Art ist der Deutsche
zurückgeblieben oder ins englische Schlepptau genommen; das
Geschick unserer Großhändler, derselben echt deutsche, redliche
und menschenfreundliche Behandlung der Landeseingeborenen
hat uns sogar einen guten Vorsprung vor den beiden mächtigen Nebenbuhlern, den Engländern und Nordamerikanern,
verschafft; ein unserer Gesundheit durchaus zuträgliches

Klima*) erlaubt uns selbst heimisch zu werden auf den vielbegabten Inselschwärmen der eigentlichen Südseewelt, da nur in der australischen Inselreihe Malariafieber drohen.

Wäre es auch thöricht, zu erwarten, daß diese meist so kleinen Eilande, deren braune Insassen nicht überall in Abnahme, manchenorts unter Verbesserung ihrer Lage sogar in langsamer Zunahme begriffen zu sein scheinen, den vollen Strom der deutschen Auswanderung auf sich lenken könnten, so dürfte man dennoch einem beschränkteren Zuzug deutscher Landsleute zu Handels- und Handwerksbetrieb sowie Plantagenbeaufsichtigung wohl Glück versprechen. Am wenigsten kann die Südsee das Ziel für Ackerbaukolonisten werden, aber als unsere Handelsdomäne dürfen wir sie nicht preisgeben, dazu haben wir sie im Gegentheil aus den jugendlichen Anfängen erst recht zu entwickeln. Was uns das dortige Land und Meer an Handelswaare zu bieten vermag, ist nicht erschöpft mit Kokosnuß und Baumwolle, Perlmutter und Schildpatt. Gemein fast wie bei uns die Haselnüsse wachsen z. B. eine Menge Nüsse voll des feinsten Oeles daselbst wild am Gesträuch; dahin ge-

---

*) Auch nach den gegentheiligen Aeußerungen, welche in dieser Hinsicht bei den geographisch recht wundersamen Debatten unseres Reichstags über die sogenannte Samoa-Vorlage vorkamen, muß obiges Urtheil aufrecht erhalten werden. Man vergl. oben S. 242 [10] f. Die von einem Reichstagsredner geäußerte Behauptung, jeder Europäer würde auf den Südseeinseln von Elephantiasis befallen, enthält eine stark nach Tendenz schmeckende Unwahrheit. Allerdings begegnet diese Krankheit auch auf Samoa, und zwar in Folge von therapeutischer Vernachlässigung bei den Eingeborenen bisweilen in abschreckender Form. Indessen kann sich der europäische Ansiedler durch Vermeiden der Nähe von Süßwassersümpfen für seine Wohnungsanlage u. dgl. sehr viel sicherer vor diesem chronischen Leiden schützen als anderwärts vor Cholera oder Gelbem Fieber, die sich dort niemals eingestellt haben.

hört die Candlenuß, deren kostbares Oel bei günstiger Konjunktur einen Tonnenpreis von 700 Mk. auf dem europäischen Markte erreicht, deren Ausfuhr (allein diejenige auf Rechnung deutscher Geschäftshäuser) daher von einem Betrag zu 5000 Mk. im Jahr 1877 auf einen solchen zu 244,000 Mk. im Folgejahr stieg. Zur Holzknopffabrikation eignet sich kaum irgend ein Stoff so gut wie die Heitinuß, eine sogenannte Elfenbeinnuß der Südsee, ähnelnd einer etwas plattgedrückten Handgranate an Form und Größe, nur mit tiefer Aushöhlung auf der Unterseite; Frankreich betheiligt sich rege bei dieser Industrie, die auch bei uns jüngst in Aufnahme kam, so im Geraer Industriekreis, namentlich concentrirt auf das betriebsame Schmölln im Altenburgischen, ostwärts von Gera. Und wer möchte voraussagen, was die Südseeinseln in Zukunft an Kolonialwaaren liefern können, namentlich an Rohrzucker, da ja unter intensiver Bewirthschaftung das kleine Mauritius beinahe das Kaiserreich Brasilien in seinem Werth für die Zuckerausfuhr erreicht, fast alle anderen Zuckererzeugungsländer aber, abgesehen von Cuba, übertrifft! Am innigsten verflochten mit der deutschen Industrie sind bereits gegenwärtig die beiden wichtigsten Gegenstände der pacifischen Ausfuhr: Kopra und Baumwolle. Wie wir unser Rindvieh füttern mit Stoffen, welche den Wipfeln der Südseepalmen entnommen wurden, so findet die Südsee-Baumwolle ihren vorzugsweisen Absatz im Deutschen Reich; die gröbere Sorte verwenden die voigtländischen Weber zusammen mit Wolle zur Herstellung schöner halbwollener Stoffe, die seidenartig feine wird besonders in unseren elsasser Spinnereien (jedoch außerdem z. B. auch in Lyon) verarbeitet.

Nicht der augenblickliche Werth unseres Handels nach und von der Südsee muß unser Interesse bestimmen, vielmehr dessen Steigerungsfähigkeit, wie sie sich in der thatsächlichen

Steigerung der jüngsten Zeit erwiesen hat, vor allem aber die Eingangs betonte Ueberlegenheit des deutschen Südsee-handels über den der concurrirenden Nationen. Die Summe unserer Waarenausfuhr von den verschiedenen pacifischen Inselgruppen hob sich von 5,2 Millionen Mk. im Jahre 1876, auf 6,1 Mill. Mk. im Jahre 1877, auf 7 Mill. Mk. im Jahre 1878; der Gesammtwerth der Ausfuhr dieses Trienniums betrug 18,333,000 Mk. (wovon 74 % auf Kopra, 13 % auf Baumwolle, 9,6 auf Perlschaalen kommen). Am außerordentlichsten ist das Uebergewicht des deutschen Handels selbst über den englischen und nordamerikanischen natürlich auf den Samoa- und Tonga-Inseln; das genauere Verhältniß mögen folgende Ziffern erläutern. Es betrug auf den beiden Archipelen (in Mark):

die Einfuhr

	im Ganzen	der deutschen Häuser	
1874	1,086,000	946,000	(also 87 %)
1875	1,620,800	1,380,800	(„ 85 %)
1876	1,606,000	1,290,000	(„ 80 %)
1877	1,587,420	1,247,420	(„ 78 %)
1878	1,595,600	1,395,600	(„ 88 %),

die Ausfuhr

	im Ganzen	der deutschen Häuser	
1874	1,760,000	1,660,000	(also 94 %)
1875	2,005,000	1,753,000	(„ 87 %)
1876	2,566,000	2,386,000	(„ 93 %)
1877	2,503,400	2,216,800	(„ 88 %)
1878	2,576,400	2,427,200	(„ 94 %).

Nicht einmal die englische Annexion der Fidschi-Gruppe hat den dortigen Handel deutscher Firmen lahm zu legen vermocht; die Firmen Hennings, Ruge und Hedemann blieben nach wie vor die bedeutendsten dort, und es wurden noch 1878 (bei einem Gesammtwerth der Ausfuhr von dritthalb Mill. Mk.) allein an Kopra für anderthalb Mill. aus diesem an England verlorenen Archipel nach Deutschland verfahren. Aber freilich war der denkwürdige Akt der englischen Besitzergreifung der Fidschi-Inseln im Jahre 1874 ganz dazu angethan, unsere Südsee-Politik aufzuschrecken. König Thakombau schuldete 80,000 Pfund Sterling, diese zahlte England und erwarb damit eine der fruchtbarsten aller tropischen Inselgruppen, den größten und weitaus bevölkertsten der Südsee-Archipele mit herrlichen Häfen, wo Kokoswälder, Baumwollen- und Zuckerrohrfelder weit und breit den Deutschen gehörten, deren Besitzrecht alsbald vom britischen Gouverneur angefochten wurde; vorüber war nun für immer die Zeit, wo man Fidschileute als brauchbare Plantagenarbeiter auf andere Archipele (da allein schien ihnen dergleichen Dienst genehm) hinüberschaffen konnte, denn nach englischem Gesetz dürfen Eingeborene der eigenen Kolonien nie nach außerbritischen Besitzungen ausziehen. Es war wenigstens ein Glück, daß der Hauptschwerpunkt der deutschen Handelsverbindungen und der Hauptgrundbesitz der Deutschen nicht auf den Fidschis lag; indessen er befand und befindet sich unmittelbar östlich davon auf den Tongas und Samoas. Die letzteren lockten eben damals auch den nordamerikanischen Unternehmungsgeist mächtig an; sind sie doch wie berufen, in Zukunft eins der wichtigsten Emporien des Stillen Oceans zu werden, zumeist verschont von den wildesten Stürmen dieses Meeres, nahe gelegen der Kreuzung der befahrensten Seewege zwischen Ostasien und Australien einer-, Amerika andererseits, genau auf der Verbindungslinie von San Francisco über die hawaiische Inselgruppe nach Neuseeland. Die gesetzgebende Versammlung Neuseelands unterbreitete der Königin von England die bringende Bitte um Annexion der Samoas, und Oberst Steinberger begann seine Yankee-Intriguen auf den Inseln selbst. Von keiner der beiden Seiten, weder von England noch von Nordamerika erfolgten amtliche Schritte, welche auf Annexionspläne hindeuteten. So sehr die prächtige Gestalt Le Mamea's, des Abgesandten der ein amerikanisches Protektorat wünschenden Samoaner-Partei, bei der Neujahrscour von 1878 im Weißen Haus zu Washington durch ritterliches, dabei bescheidenes Auftreten gefiel, das Protektorat wurde nicht gewährt. Die Regierung des Deutschen Reichs war erst recht nicht gesonnen, irgend welche der Souveränität auch nur ähnliche Rechte in Samoa anzustreben, fühlte jedoch um so mehr ihre Pflicht in der stürmischen Zeit, wo der Unfriede daselbst durch selbstsüchtige Fremde geschürt ward und in Bürgerkrieg ausbrach, die Interessen der deutschen Reichsangehörigen kräftig zu schirmen. Der kundigen Beflissenheit des obersten Vertreters Godeffroys in Apia, Theodor Webers, welcher zugleich die Konsulatsgeschäfte des Deutschen Reichs bis vor kurzem versah, und dem thatkräftigen Einschreiten der Befehlshaber unserer ununterbrochen in den Südseegewässern kreuzenden Kriegsschiffe ist es zu verdanken, daß diese folgerechte Politik zur dauernden Inschutznahme dieses weitest ausgewachsenen, verhältnißmäßig herrschendsten Zweiges unseres Außenhandels zu glücklichem Erfolge geführt worden. Seit jenem Vertrag vom 1. November 1876 mit dem den Deutschen so zugeneigten König Georg von Tonga, welcher unserer Flotte den schönen Hafen des Vavau-Atolls zur Kohlenstation verschaffte, ist es gelungen, entsprechende Verträge mit den mächtigsten Häuptlingen der Ellice- und Ralik-Inseln abzuschließen, den ausgezeichnetsten aller mikronesischen Häfen, den von Jaluit, gleichfalls zur Anlage einer Kohlenstation zu gewinnen, und in der oben erwähnten kleinen, aber für den Hernsheimschen Handelsbetrieb zumal wichtigen Gruppe Duke of York von den zum Verständniß politischer Vereinbarungen zu unfähigen papuanischen Häuptlingen die übergeräumigen Prachthäfen Makada und Mioko für ein paar hundert Mark (in Waaren) zu kaufen; im Verlauf des vorigen Jahres schloß das Deutsche Reich noch mit dem Hawaiischen Inselreich, der einzigen constitutionellen Monarchie Polynesiens, ein Freundschafts- und Handelsbündniß, ja im fernen Südosten, mitten im französischen Nachbarreich, einen Meistbegünstigungsvertrag mit der Regierung der Insel Huahine nordwestlich von Taïti. Endlich kam auch der Vertrag mit der zeitweise auf Samoa das Scepter führenden Adelspartei zu Stande, gerade am Gedächtnißtag Friedrichs des Großen 1879; er war die rechte Antwort auf das samoanische Abkommen mit den Vereinigten Staaten, welches diesen den unvergleichlich geschützten Hafen Pango-Pango auf Tutuila eingeräumt hatte: er machte Saluafata auf Upolu (östlich von Apia) zur deutschen Flottenstation und gewährleistet den Deutschen, wie es der Grundgedanke auch bei allen den vorgenannten Abkommen war, die Rechte der meistbegünstigten Nation, d. h. er verbietet unseren Nebenbuhlern die Usurpation.

Als am Nachmittag des 23. Dezember 1879 an Bord unserer Korvette Bismarck im Hafen Apias die Vertreter des samoanischen Volks ihrem auf Lebenszeit gewählten König Malietoa Falavon huldigten und deutsche Geschütze die neue Flagge des neuen Einheitsstaats Samoa donnernd grüßten, war nicht nur der lästige innere Unfrieden auf diesen schönen Felseninseln beigelegt, sondern auch ein wichtiger Abschluß für die politische Sicherstellung der deutschen Südsee-Interessen

erreicht: der neu eingeseßte König hatte die Verpflichtung über-
nommen, den mit der früheren Regierung vereinbarten Vertrag einem Reiche zu halten, dessen weitreichendem Arm er
viel für die Ebenung des Weges zum Thron zu danken hatte,
und wenige Wochen vorher war unser erster Reichskonsul für
die gesammte Südsee, der bisherige Korvetten-Kapitän Zembsch,
mit nicht weniger umfassenden Vollmachten in Apia einge-
troffen, als sie der britische Gouverneur, Sir Arthur Gordon,
von den Fidschi-Inseln her ausübt.

Die Stellung, welche unsere Reichsregierung einnimmt,
ist eine völlig klare. Sie will keinerlei Herrschergelüsten in
dem fernen Weltmeer nachjagen, aber sie will das Eigenthum
und die segensvolle Arbeit der deutschen Reichsbürger in ihren
vollen Schuß nehmen. An unserer Nation ist es nun, auf
der gegen fremde Uebergriffe gesicherten Grundlage ein Werk
weiterzuführen, dessen Stocken uns eine ewige Schande sein
würde, dessen Gedeihen aber nicht bloß Geldgewinn verheißt,
sondern uns schulen wird in selbstständiger kolonialer Thätig-
keit, niedriger stehende Rassen an Arbeit zu gewöhnen, unter
eigener Flagge die Güter heimischen Gewerbsfleißes zu verfahren, ohne Dazwischentreten gewinnsüchtiger Fremden die
tropischen Erzeugnisse einzuhandeln oder selbst zu ernten. Der
Sturz der Südsee-Firma Godeffroy, im November 1879 durch
ganz außerhalb des Südseegeschäfts liegende Verhältnisse her-
beigeführt, kann uns zum Heil gereichen, wenn wir nun in
nationaler Vereinigung theilnehmen an Unternehmungen, an
denen bisher nur einzelne unter uns schufen.

Die Südsee ist nicht der an Rohwaare oder an Ab-
nehmerzahl für Fabrikate reichste Theil der Erde, vielmehr
der land- und menschenärmste von allen annäherungsweise
ähnlicher Größe; aber es ist auch nicht deutsche Art, das

Kleine zu verachten, was am wenigsten verzeihlich wäre, wo, wie hier, das Kleine sichtlich den Keim zu stattlicherem Auswuchs birgt. Und wir Deutsche haben wahrlich nicht mehr die Wahl so frei, wo endlich auf Erden wir eigene Stützpunkte finden sollen für unseren auswärtigen Handel, eine Pflanzstätte für jenen am meisten im Engländer lebenden frohen Wagemuth, für jenen thatkräftigen Geist, der die Güter der ganzen Welt zu erfassen strebt, um sie zu eigenem Vortheil, doch eben damit unwillkürlich zum Segen der Menschheit zu verwerthen, zu veredeln. Darum dünkt es uns wie ein Verrath an dem kaum begonnenen, gewiß nicht aussichtslosen nationalen Werk, wenn man, feigherzig die allernächsten Gewinnprozente zählend, den deutschen Unternehmungssinn, das deutsche Kapital ablenken will von der verheißungsvollen Inselwelt des Großen Meeres, wo es uns, so bald wir den Rückzug antreten, nicht fehlen wird an lachenden Erben; uns dünkt vielmehr kein anderer Wahlspruch passend für unser Südsee-Banner als der: „Hier sind wir, hier bleiben wir!"